AF349745

Solfèges
à deux voix,

Pouvant servir d'appendice

à la Méthode Wilhem.

Par A. Maniquet

2 Exercices sur l'intervalle de seconde

A
B
A
B
A
B
A
B
Recapitulation
Solfège à deux voix.

Autre Solfége à deux voix.
Exercice sur l'accord parfait

Exercices sur l'intervalle de tierce 5

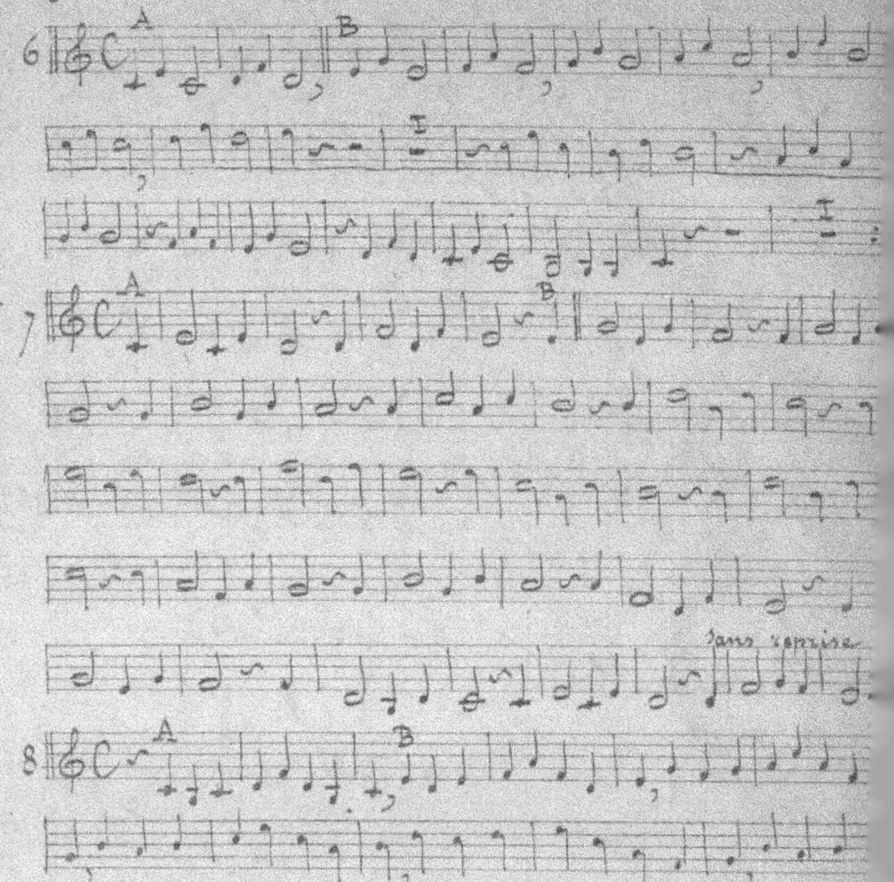

6
7
8
9
10
sans reprise

Récapitulation.
14.e Solfège à deux voix.

2ᵐᵉ Solfège à deux voix.

Exercices sur l'intervalle de Quarte

1ère étude des Crochets

9

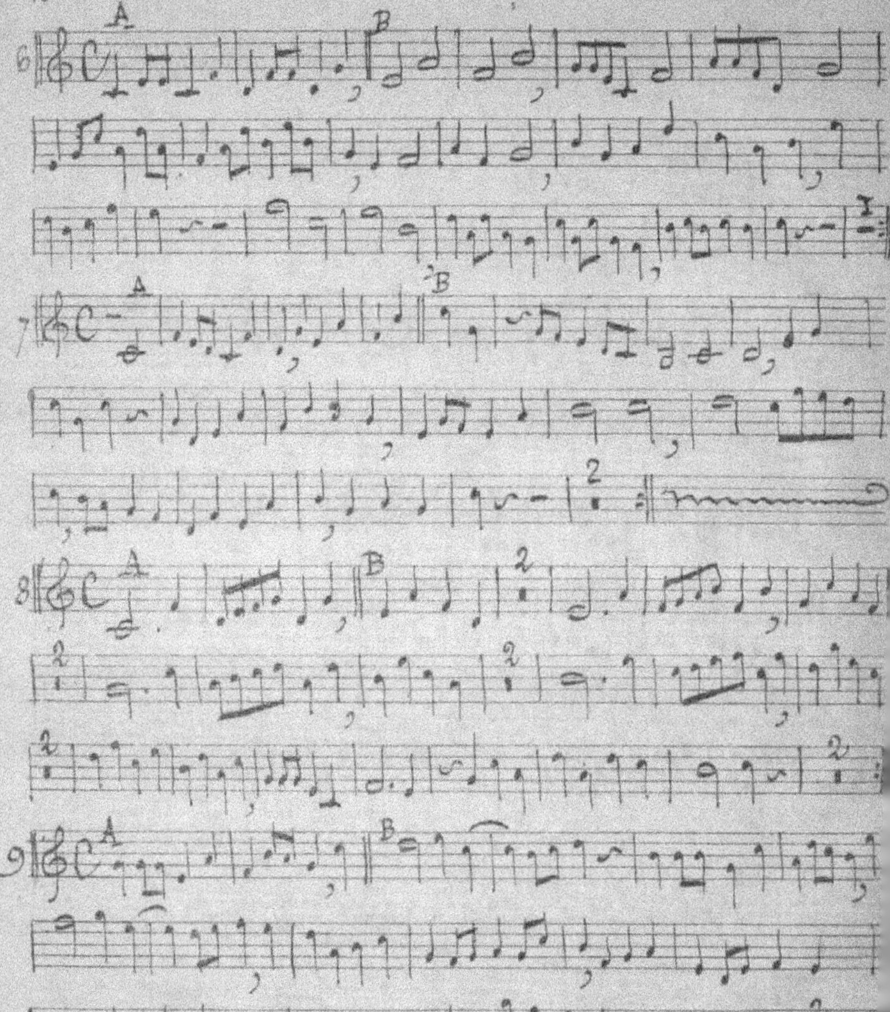

10

A
B
Pour chanter à deux voix,
recommencez en lisant à
rebours jusqu'au commencement
Récapitulation
1er solfège à deux voix.

12
2me Solfège à deux voix.
Exercice sur l'accord parfait